AF370218

FACULTÉ DES LETTRES DE MONTPELLIER.

ALEXANDRE-CHARLES GERMAIN

DOYEN ET PROFESSEUR HONORAIRE DE LA FACULTÉ DES LETTRES,

MEMBRE LIBRE DE L'ACADÉMIE DES INSCRIPTIONS ET BELLES-LETTRES,

OFFICIER DE LA LÉGION D'HONNEUR

NÉ À PARIS LE 14 DÉCEMBRE 1809,

DÉCÉDÉ À MONTPELLIER LE 31 JANVIER 1887.

FACULTÉ DES LETTRES

DE

MONTPELLIER

Les obsèques de M. Alexandre-Charles GERMAIN, Doyen et professeur honoraire de la Faculté des Lettres de Montpellier, Membre libre de l'Académie des Inscriptions et Belles-Lettres, Officier de la Légion d'Honneur, ont eu lieu le 29 janvier 1887 à 10 heures du matin.

Derrière le cercueil marchait le cortège universitaire composé des Facultés en robe, des professeurs du Lycée, d'étudiants des Facultés, d'élèves du Lycée et de l'École Normale primaire. Le deuil était conduit par MM. Gasner et Croiset, gendres de M. Germain, qui étaient accompagnés, l'un par M. le professeur Combal et M. Fabreges, l'autre par M. le Recteur Chancel et M. le professeur Revillout. A la famille s'étaient joints les nombreux amis de M. Germain, les membres des Sociétés savantes dont il faisait partie, les fonctionnaires des diverses administrations. Après la cérémonie religieuse, le cortège s'est arrêté, suivant l'usage de Montpellier, à la Faculté où M. Germain avait professé pendant quarante-huit ans. Trois discours ont été prononcés: le premier par M. Castets, doyen de la Faculté des Lettres, rendant hommage aux services de son prédécesseur dans le Décanat, le second par M. Revillout, professeur de la Faculté, le troisième par M. Boyer, boursier d'agrégation, au nom des Étudiants.

DISCOURS

PRONONCÉ PAR

M. CASTETS

PROFESSEUR-DOYEN DE LA FACULTÉ DES LETTRES

MESSIEURS,

Il y a à peine quelques semaines, M. Germain assistait avec nous aux premières leçons de la Faculté, et nous nous réjouissions de le voir toujours sain et alerte, malgré son grand âge, apporter aux jeunes collègues qui lui ont succédé dans l'enseignement de l'histoire, l'appui de sa présence et de sa sympathique attention. Doyen honoraire depuis cinq ans, professeur honoraire depuis les vacances dernières, il comptait ne pas se désintéresser de nos travaux. Les nouveaux droits reconnus aux professeurs honoraires lui permettaient de continuer à siéger dans nos assemblées, et nous espérions que, longtemps encore, nous aurions la joie de le voir s'associer à notre vie commune. Mais ce n'était qu'une illusion : le mal dont la science et le dévouement de nos collègues de la Faculté de Médecine avaient d'abord arrêté le développement, fit à l'improviste de trop rapides progrès, et, mercredi soir, M. Germain était enlevé, en quelques heures, à l'affection de sa famille et de ses amis, à l'estime et au respect de tous ceux qui le connaissaient.

M. Germain a été pendant vingt ans Doyen de cette Faculté. Son successeur dans des fonctions difficiles, où j'ai souvent été éclairé par son exemple et ses conseils, parfois même encouragé, s'il est permis de le rappeler dans un tel moment, par sa bienveillante approbation, je porterai témoignage de ce que M. Germain a fait pour la Faculté des Lettres, et j'essaierai d'exprimer les souvenirs que son administration active, prudente et ferme, a laissés parmi nous. Un de nos collègues, qui lui était attaché par les liens d'une plus ancienne intimité, vous dira ce qu'il fut comme professeur, comme savant, comme homme privé.

Cette Faculté a été fondée en 1838 : il y aura bientôt cinquante ans. Après le décanat de M. Siguy, qui avait duré vingt-trois ans, M. Germain fut nommé Doyen à la fin de l'année 1861 et conserva ce titre jusqu'en août 1881. C'était le temps des longs décanats. L'on a pu juger diversement cet usage. L'influence personnelle du chef de la Faculté était ainsi agrandie, et, s'il était au-dessous de sa tâche, cette influence pouvait devenir nuisible ; mais le maintien, dans les mêmes fonctions, d'un homme intelligent et laborieux avait des avantages réels. Il ne suffit pas de concevoir un programme, il faut avoir devant soi du temps pour le réaliser. Lorsqu'un Doyen réunissait en lui les qualités de professeur distingué, de savant éminent, de sage administrateur, sa présence pendant de longues années à la tête d'une Faculté était pour celle-ci un grand bien et un grand honneur.

M. Germain a honoré cette maison, qui avait fini par se personnifier en lui, et il a exercé le décanat de manière à laisser un modèle de direction intelligente, ferme et féconde.

Le Doyen est à la fois le représentant des droits de l'État et le défenseur des intérêts de ses collègues. Il doit veiller au bien général de l'enseignement, présider à l'égale distribution du travail, faire appliquer le règlement,

éclairer et encourager les débutants, rappeler, s'il était
nécessaire, que dignité oblige et que l'Enseignement
supérieur doit rester à la hauteur de sa noble tâche. Mais
qu'il faut en tout cela de justice et de tact! Je n'oublierai
jamais le bienveillant accueil, qu'en arrivant à Montpellier,
je reçus de M. Germain et l'obligeance qu'il mit à m'initier
à des fonctions qui m'étaient nouvelles. Dans nos assemblées de Faculté, il conduisait les délibérations avec une
autorité qui n'enlevait rien à la simplicité de nos relations
ordinaires, et, dans ses rapports avec l'Administration
supérieure, il mettait généreusement son influence personnelle au service des intérêts de ses collègues. Une de ses
qualités les plus remarquables était sûrement l'esprit
d'ordre. Habitué par ses travaux d'érudition à classer avec
clarté, il avait introduit dans la vie de la Faculté une
régularité qui rendait tout facile. Il n'aimait pas à se faire
aider, et tenait à remplir lui-même sa tâche tout entière,
non par goût de domination, mais parce qu'il sentait
qu'ainsi tout était réglé d'une manière plus précise et plus
prompte.

Sa porte était toujours ouverte, non seulement aux élèves
de la Faculté, mais à tous ceux qui désiraient profiter de
sa science et de ses conseils. Sans attendre la réforme qui
a été accomplie de nos jours, il avait su attirer autour de
cette maison bien des jeunes gens auxquels il inspirait le
goût de l'étude et la confiance dans leurs forces. Tel qui
occupe une haute situation dans l'enseignement, sait que,
s'il est arrivé à conquérir ses titres, il le doit à l'influence
fortifiante que M. Germain a exercée sur sa jeunesse. A
certains moments de la vie, un mot bienveillant, un conseil, quelques directions, déterminent l'avenir d'un jeune
homme. M. Germain était prodigue de son expérience pour
les universitaires qui recouraient à lui, à une époque où

l'organisation des Facultés des Lettres était encore fort imparfaite. Il était d'ailleurs porté par nature à une indulgente sympathie pour la jeunesse, et celle-ci, faut-il le dire? n'hésitait point à en user. Dès qu'ils avaient la moindre préoccupation, nos étudiants s'adressaient à lui. Ils le trouvaient le matin assis depuis de longues heures à cette table de travail dont il ne s'est détaché que pour se coucher dans l'éternel repos ; il posait la plume, mettait de côté la page commencée, et, comme s'il n'eût pas été hâté de terminer ses études sur l'Histoire et les Universités de Montpellier, il écoutait avec patience, avec intérêt, complétait parfois la leçon faite la veille, trouvait toujours un mot aimable et bienveillant. L'élève sortait de cet entretien joyeux et réconforté, et se remettait au travail avec une provision de courage et de confiance.

A titre de Doyen, M. Germain faisait partie du Conseil académique. Il prenait une part active aux travaux de cette assemblée et y apportait, comme partout, son ardeur communicative. Les écrits de M. Germain ne donnent qu'une idée très imparfaite de ce qu'était sa parole. Les problèmes historiques dont il cherchait la solution, l'occupaient tellement que dans ses dernières années il se contentait de présenter les résultats qu'il avait obtenus, sans autre souci que celui de la clarté et de l'exactitude. Mais dans une discussion sur une question qui l'intéressait, il faisait preuve d'un véritable talent oratoire. La promptitude de sa pensée, la justesse de ses expressions, l'à-propos de ses reparties, une heureuse vivacité de tours qui dénotait d'abord l'enfant de Paris resté jeune d'esprit et d'allure en dépit des années, sa voix flexible et vigoureuse, lui donnaient bientôt gain de cause auprès de ceux qui l'écoutaient et qui, en somme, étaient heureux de souscrire aux conseils d'une expérience que nul ne contestait. D'ailleurs il ne se décidait point à la légère, et, quand son opinion personnelle n'était point formée, il préférait ne point intervenir dans le débat, plutôt que de donner l'appui de son autorité à des solutions qui ne lui semblaient pas suffisamment étudiées.

Peu d'hommes ont mieux employé leur temps, mais peu d'hommes ont aussi peu ménagé leurs forces, et je ne puis me rappeler sans émotion la fin de son dernier rapport : « On a donc beaucoup travaillé à la Faculté des Lettres de Montpellier durant l'année scolaire 1879-1880, comme dans les années précédentes ; car, parmi nous, tout le monde connaît et s'applique à soi-même l'adage d'Hippocrate, mesurant la brièveté de la vie humaine à l'immensité de la science : Ὁ βίος βραχύς, ἡ δὲ τέχνη μακρή. »

« La vie est courte, la science est longue. » Il ne le sentait que trop, et s'empressait fiévreusement de remplir le programme qu'il s'était tracé. Il voulait achever cette *Histoire de l'Université de Montpellier* dont il avait mis plus de trente ans à réunir les matériaux. Mais, jusqu'à l'heure où il a compris qu'il lui devenait difficile de suffire à tout, jusqu'au moment où, pour se livrer plus complètement à ses travaux personnels, il a demandé au Ministre de le relever des fonctions de Doyen, M. Germain a su concilier ses devoirs envers la Faculté et sa passion pour les recherches savantes. Son dernier rapport au Conseil Académique en est la plus éclatante démonstration. Rédigé au lendemain de la création de notre nouvelle Faculté de Droit, il commence par l'expression d'un espoir qui se réalisera de plus en plus : « La Faculté des Lettres en particulier puisera dans cette Renaissance juridique de nouveaux éléments de vie et de progrès : car les étudiants de la nouvelle École de Droit sont destinés à devenir en même temps les nôtres. » Puis suit un exposé de la situation de la Faculté des Lettres à la fin de l'année 1880. De cinq le nombre des chaires avait été porté à six par le dédoublement de la chaire de littérature ancienne. Cinq cours complémentaires avaient été créés : deux cours de philologie romane, le cours d'arabe, les conférences de géographie et d'archéologie. Le nombre des boursiers était de 16, celui des maîtres auxiliaires de 5. Autour de ce noyau se groupaient non seulement les maîtres répétiteurs du Lycée, mais aussi quelques élèves libres. La vraie difficulté de la nouvelle organisation, celle qui résulte du grand nombre des compositions qu'il faut corriger, avait été résolue par un appel à la bonne volonté de tous. M. Germain, se ressouvenant du temps où il se préparait pour entrer à l'École Normale, avait payé de sa personne, et il partageait avec le professeur de littérature étrangère la correction des vers latins.

Pourquoi ces chiffres, ces détails ? Est-ce le moment d'y songer ? Messieurs, quand la flamme de la vie s'éteint si soudainement chez un homme que j'ai vu, il y a quelques jours, plein de vigueur et d'entrain, puis-je détacher ma pensée d'une activité si utile, dont j'ai été depuis dix ans l'auxiliaire ou le témoin ? Puis-je ne pas vous montrer par des faits que cette Faculté, aujourd'hui prospère et peuplée, doit la première forme de son organisation nouvelle à l'influence et au dévouement de M. Germain ? Lorsqu'il en reçut la direction des mains du vénérable Siguy, elle n'était connue que des auditoires des cours publics. Une réforme était nécessaire. Le gouvernement de la République l'a compris et nous lui en sommes profondément reconnaissants ; mais, à Montpellier, cette réforme a été commencée et presque achevée sous l'administration de M. Germain et par ses soins. Permettez à ceux qui lui ont succédé, de le dire hautement : ils ont trouvé la voie marquée et n'ont eu qu'à suivre les traces de leur devancier.

On vous dira comment les travaux de M. Germain ont été accueillis par la science française, quelles hautes distinctions ils lui ont méritées ; on vous le montrera dans cette chaire qu'il a occupée pendant quarante-huit ans sans un moment de défaillance. J'ai voulu rendre justice à la partie de son œuvre qui aurait pu rester dans l'oubli, à ce Décanat de vingt ans qui a fait de notre Faculté ce qu'elle est aujourd'hui, un centre d'études qui entretient le culte des lettres dans cette généreuse contrée.

Adieu, Germain, repose en paix après avoir accompli la meilleure partie de la tâche que tu t'étais marquée. Tu as eu la joie de voir s'achever une réforme que tu avais appelée de tous tes vœux et au succès de laquelle tu as courageusement contribué. Cette maison, dont pendant si longtemps tu as été l'honneur, gardera pieusement le souvenir de ce qu'elle te doit. Que cet hommage sincère soit une consolation à la douleur de ceux qui ont perdu en toi le meilleur des pères. Tu es de ceux qui se survivent par le bien qu'ils ont fait. Nous ne t'oublierons pas.

Adieu, Germain, cher collègue, cher et vénéré Doyen, adieu.

DISCOURS

PRONONCÉ PAR

M. REVILLOUT,

PROFESSEUR À LA FACULTÉ DES LETTRES.

MESSIEURS,

La Faculté des Lettres, en me confiant l'honneur de parler en son nom dans cette triste cérémonie, a voulu faire entendre la voix du plus ancien collègue de M. Germain. Elle a cru qu'une longue et intime collaboration, une amitié qui date de vingt-trois ans me désignaient naturellement à son choix. Je l'en remercie, et je ferai tous mes efforts, pour pouvoir, autant que me le permettront mon incompétence et mon émotion, répondre à son attente.

Alexandre-Charles Germain était né à Paris le 14 décembre 1809. D'excellentes études classiques au collége Henri IV développèrent en lui l'amour des lettres ; il fut reçu à l'École normale supérieure en 1830, l'année même où l'ordonnance du 6 août venait de rétablir notre chère et glorieuse école avec ses attributions primitives. Il y trouva pour maîtres Guigniaut, Eugène Burnouf et Michelet ; et pour camarades un grand nombre d'hommes distingués dont l'Université s'honore, entre autres : MM. Duruy, Quet, Danton, Havet et Wallon. Au milieu de ces jeunes gens d'élite, qui tous restèrent ses amis, M. Germain tint honorablement sa place. Quand il sortit de l'École en 1833, il fut chargé du cours d'histoire au lycée de Nimes.

C'était un enseignement tout à fait nouveau en province; les livres, les méthodes manquaient encore; tout était à faire. Le jeune maître, plein de l'ardeur que Michelet avait le don de communiquer à ses élèves, réussit admirablement. Ce succès était l'un des plus heureux souvenirs de sa vie; combien de fois ne l'avons-nous pas entendu répéter avec un légitime orgueil qu'il avait été choisi par M. Guizot, l'éminent historien qui dirigeait alors l'Instruction publique, pour inaugurer l'enseignement de l'histoire dans sa ville natale ! Je me souviens encore de l'enthousiasme avec lequel un de mes camarades de l'École normale, M. Jules Bonnet, nous parlait en 1839 de son professeur d'histoire au collège de Nîmes, et depuis j'ai rencontré la même impression dans tous ceux qui ont suivi ces premières leçons de M. Germain. Il ne bornait pas, du reste, son activité au travail de sa classe. Dans cette ville intelligente, amie des plaisirs de l'esprit et qui s'enorgueillissait de posséder le poète Reboul, il était recherché et accueilli avec empressement par tous les amis des lettres. C'est à Nîmes qu'il comprit sa véritable vocation de savant, et qu'il composa ses premiers essais d'histoire locale. De ce côté-là, c'était encore une nouveauté qu'inaugurait le jeune professeur. Aujourd'hui, Messieurs, que tous les moyens d'apprendre se sont multipliés, que les méthodes et les outils de la science commencent à être entre les mains de tous, on ne se fait pas une idée juste des difficultés contre lesquelles allait se heurter M. Germain. Les archives locales étaient inexplorées, les inventaires de leurs richesses à peine commencés, les grandes publications de documents qui ont été faites depuis n'étaient pas même à l'état de projet. En province surtout, le travailleur, isolé, livré à lui-même, sans secours à sa portée, sans méthode, était obligé de se suffire et d'improviser ses instruments et ses règles de travail. Mais M. Germain, dans les leçons de son maître Michelet, avait puisé ce besoin de connaître par soi-même, cette ardente curiosité de l'inédit qui fait chercher l'histoire à ses sources mêmes. Il avait reçu du ciel la santé robuste qu'aucun travail ne fatigue, la ténacité de volonté qu'aucun obstacle ne décourage. Rien ne devait l'arrêter dans sa passion de trouvailles et de découvertes. Son premier essai, l'*Histoire de l'Église de Nîmes*, fut fait un peu précipitamment ; il avait hâte de produire. Depuis lors, il ne se reposa jamais, et s'acharna, pendant un demi-siècle, à son œuvre laborieuse, sans se demander en aucun temps si ses forces y suffiraient, si ses forces seraient éternelles.

Au mois de septembre 1838, le professeur du collége de Nîmes, sans l'avoir demandé, fut chargé du cours d'histoire à la Faculté des Lettres, que M. de Salvandy venait de créer à Montpellier. Désormais M. Germain appartint tout entier à cette ville, si célèbre par son commerce et par ses écoles, et son alliance en 1846 avec une des familles les plus honorables acheva de l'y fixer pour toujours.

Il inaugura ses leçons par un discours qui avait pour sujet l'*Influence de la France sur la civilisation Européenne*. Depuis lors, c'est-à-dire depuis le mois de janvier 1839 jusqu'au mois de juin 1886, M. Germain n'interrompit jamais ses cours et ne descendit de sa chaire qu'au jour où les atteintes du mal qui devait l'emporter furent assez fortes pour l'obliger d'en avouer l'existence à sa famille. Tous ceux qui m'écoutent savent quelle était la nature de cet enseignement de quarante-sept ans. Sans se soucier de paraître érudit, M. Germain, si savant d'ailleurs, s'attachait à présenter dans un tableau simple et animé les grands événements de l'histoire. Méthodique dans ses plans, clair et piquant dans l'expression, habile dans le choix des détails et des anecdotes, groupant heureusement les faits pour en mieux montrer l'esprit, il savait animer par son débit des leçons écrites, mais qui paraissaient parlées, tant il excellait à leur donner, en les lisant, les allures de l'improvisation. Sa voix claire et perçante, son œil pétillant et fin, je ne sais quelle spirituelle malice dans le ton, dans le mouvement même des lèvres, tenaient les esprits en éveil. Aussi, Messieurs, le succès dès le début fut-il considérable et ne s'est-il jamais démenti jusqu'au dernier jour. L'auditoire changeait insensiblement, des générations nouvelles venaient y prendre place, mais il semblait toujours le même, tant il paraissait fidèle, nombreux et attentif; tant on s'était fait une douce habitude de venir entendre M. Germain.

A Montpellier comme à Nîmes, les soins consciencieux qu'il apportait à son enseignement étaient loin d'absorber tout le temps du professeur. Grâce à sa forte constitution, à sa régularité de bénédictin, à sa puissance de travail, il pouvait suffire à tout. Les cours n'empêchaient pas les études personnelles, les travaux de l'érudition ne nuisaient pas aux devoirs de l'administrateur, et cependant, comme on vous l'a si bien dit tout à l'heure, aucun Doyen ne fut plus occupé des intérêts de sa Faculté. Les vacances n'étaient pas, pour ce travailleur infatigable, un temps de repos : il y trouvait seulement le loisir de chercher à Paris ou ailleurs les renseignements et les documents qu'il n'avait pu découvrir à Montpellier. Une fois qu'il avait entrepris une étude, il ne la quittait plus ; il ne connaissait pas ces incertitudes et ces découragements qui font abandonner une œuvre et laissent tant de travaux suspendus. Les fruits de cette application persistante et passionnée sont des plus nombreux. Sans compter ses deux grands ouvrages sur la Commune et le Commerce de Montpellier, il a composé près de cent monographies, dont plusieurs, comme les mémoires sur les anciennes monnaies de Melgueil, sur les comtes de Maguelone, de Substantion et de Melgueil, sur Léon Ménard, sur Maguelone sous ses évêques et ses chanoines, sur la Renaissance à Montpellier, sur Pierre Gariel, sur Arnaud de Verdale, sur l'histoire de nos diverses Écoles, sont des livres. Écrites pour la plupart pour les Sociétés savantes de notre ville, pour l'Académie des Sciences et Lettres, qui fut instituée en 1846 et dont il fut l'un des membres fondateurs, pour la Société archéologique sur laquelle il a par ses communications attiré les récompenses et les subventions de l'État, ces monographies, publiées en tirages à part, sont aujourd'hui fort recherchées à très juste titre des curieux et des érudits.

Ce n'est pas ici le lieu d'analyser une œuvre aussi considérable ; je me contenterai d'en indiquer le but et d'en apprécier la portée. En écrivant son livre sur la *Commune de Montpellier*, M. Germain le déclare, il se proposait d'en faire à la fois une histoire et une collection de pièces : c'est aussi le caractère général de toutes ses publications. Son ambition, dit-il ailleurs, c'est de grandir au profit de l'érudition contemporaine le passé d'une ville qui lui est chère et d'éclairer ainsi certains aspects de l'ancienne France. Il ne se mêle jamais aux luttes de la politique, mais il ne dissimule pas ses croyances chrétiennes et met volontiers en relief le rôle bienfaisant de l'Église au moyen-âge. Quant à sa méthode de travail, il l'expose lui-même dans une espèce de préambule qu'il avait fait imprimer en 1860 pour réunir l'ensemble de ses monographies, sous le titre de « *Mélanges académiques d'Histoire et d'Archéologie.* » J'ai conscience des recher-« ches que m'ont coûtées ces travaux et du principe de

» rigoureuse exactitude qui a présidé à leur rédaction.
» J'ai tenu à honneur, la plupart d'entre eux reposant sur
» des textes inédits , de ne rien annoncer dont je n'eusse
» les preuves en mains; et par surcroît de précision en
» même temps que de délicatesse , je me suis donné le
» lecteur pour juge, soit en produisant au bas des pages
» des extraits ou analyses de pièces originales souvent
» importantes , soit en éditant à la suite de chaque
» mémoire celle de ces pièces qu'il m'a paru utile de
» livrer en entier au public. »

Dans ce travail de recherche et de constatation scrupu-
leuse, ce qui domine avec la circonspection et la prudence,
c'est le désir de ne rien laisser à trouver après soi.
M. Germain ne veut pas s'engager dans les hypothèses et
en même temps il tient à honneur d'épuiser le sujet.
L'ambition était peut-être excessive : avec les moyens d'in-
vestigation de plus en plus précis dont la science peut
disposer, avec les règles tous les jours plus sévères qu'elle
s'impose, il reste toujours quelque chose à découvrir dans
les questions les mieux explorées ; mais c'est seulement
en partant des travaux de M. Germain, en s'éclairant de
ses découvertes que l'on pourra aller et voir plus loin.

Cette vie si occupée et si bien réglée était loin d'être
l'existence cloîtrée d'un anachorète. M. Germain suffisait
aux devoirs de la société comme à tout le reste. Accessi-
ble à tous, ne manquant à aucune des obligations de la
politesse, il portait dans le monde un esprit alerte, curieux.
Sa conversation vive, animée, parfois sur la défensive,
plaisait et intéressait par l'imprévu de ses saillies et la
richesse variée de ses souvenirs.

Un labeur si consciencieux et si persévérant était bien
digne des récompenses publiques. Elles ne manquèrent point
à M. Germain. Il fut, le 12 août 1853, nommé Chevalier de

la Légion d'Honneur; le 11 août 1869 il fut promu au grade d'Officier.

L'Institut, ce juge souverain des travaux scientifiques, remarqua les siens de bonne heure. L'Académie française lui décerna l'un des prix Gobert pour son *Histoire de la Commune de Montpellier*. L'Académie des Inscriptions et Belles-Lettres fit davantage. Elle le nomma d'abord Correspondant, puis, en 1876, se l'associa comme Membre libre, et consacra son mérite par cet honneur exceptionnel. Et, comme dernière marque d'estime et de sympathie, hier, en apprenant la mort de ce confrère « qui comptait parmi les plus distingués et les plus aimés de la compagnie », elle leva la séance en signe de deuil.

La considération générale de ses concitoyens n'avait pas attendu ces honneurs venus de Paris. A Montpellier et dans tout le midi, le nom du professeur d'histoire de la Faculté des Lettres était célèbre. On en était fier, on ne le citait qu'avec respect. A cette renommée de savant, il en joignait une autre universellement acceptée : on le considérait comme un honnête homme, comme un homme de devoir, comme un homme de bien. On savait qu'il avait une probité professionnelle à toute épreuve, et, si quelquefois l'on trouvait qu'il avait trop d'esprit, on s'accordait à reconnaître son extrême bienveillance. Fort obligeant, toujours prêt à rendre service, il n'épargnait ni ses peines, ni ses démarches, et l'ingratitude et l'oubli ne le décourageaient pas. J'en appelle à tous ceux que dans sa longue carrière il a aidés de son crédit et de ses conseils, qu'il a dirigés dans leurs études, relevés dans leurs défaillances.

Au reste, jusqu'à ces dernières années, le ciel se montra pour lui particulièrement favorable. Heureux dans le sein d'une famille qui l'aimait et l'honorait, entouré des soins empressés et discrets d'une femme éminemment bonne

et dévouée, il avait eu le bonheur de bien établir ses deux
filles. Il avait fait entrer auprès de lui dans la Faculté, un
de ses gendres, le fils d'un de ses anciens camarades d'école
et nous avait donné un collègue que nous aimons, que
nous estimons tous, et qui, sans parler ici de ses autres
mérites, continue au milieu de nous les traditions d'exactitude professionnelle de son beau-père. Sa vieillesse
vigoureuse semblait une seconde maturité, et paraissait
exempte de toutes les infirmités de l'âge. Sa puissance de
travail était la même. On le vit bien, il y a trois ans,
lorsque la Société Archéologique entreprit de publier le
Mémorial des Nobles. Il était le seul parmi les membres
de la Société qui pût le faire ; il se chargea de l'œuvre,
l'acheva rapidement, mais il y laissa sa santé et sa vie.

Au mois de juin de l'année dernière, un mal cruel dont
il avait voulu se dissimuler les approches, l'arrêta subite-
ment et le força de renoncer à son enseignement avant le
terme. Les soins affectueux et intelligents de deux de nos
collègues de la Faculté de Médecine parvinrent à enrayer
le mal. Il se crut en voie d'une guérison prochaine. Vain
espoir, de nouvelles crises se produisirent : il se raidit
contre la souffrance et la brava. Il continua sa vie ordinaire,
fit toutes ses visites du jour de l'an, ne manqua aucune
des réunions scientifiques, travailla et sortit à ses heures.
Lundi soir, il assistait à une séance de l'Académie, visi-
blement affaissé, mais non vaincu par le mal. Mardi il
descendit encore dans son cabinet, sortit seul pour se
promener et ne rentra qu'assez tard. Mais il était à bout de
forces ; il se laissa tomber sur un fauteuil, se mit au lit et
le mercredi soir, vers dix heures et demie, il s'éteignait
doucement et sans souffrance. Il avait souvent pris pour
devise, et il aimait à citer le dernier mot d'ordre donné
par l'empereur Septime-Sévère mourant : *laboremus*,

travaillons. Il s'y montrait fidèle presque au dernier jour.

En voyant sa verte vieillesse nous espérions le conserver longtemps encore ; nous nous flattions qu'il assisterait à ce centenaire de la fondation de l'Université de Montpellier, dont il avait donné l'idée : sa mort si brusque a cruellement déçu nos illusions. Mais il lègue à sa famille désolée un nom qu'on n'oubliera pas ; à ses collègues, à nos élèves l'exemple d'une existence utile et bien remplie. Et pour ceux qui élèvent leurs pensées au-dessus de cette terre, qui ne croient pas que tout soit fini avec cette vie, il leur laisse la ferme espérance, dans laquelle il a vécu lui-même, de se retrouver dans un monde meilleur.

DISCOURS

PRONONCÉ PAR

M. BOYER,

BOURSIER D'AGRÉGATION A LA FACULTÉ DES LETTRES.

———

MESSIEURS,

Au nom des étudiants de la Faculté des Lettres de Montpellier, je viens adresser un dernier adieu à notre cher et regretté professeur Germain, et rendre à sa mémoire un témoignage de respect, d'affection et de reconnaissance.

L'impression de douloureuse surprise, produite en nous par une mort aussi foudroyante nous avait empêchés jusqu'ici de mesurer toute l'étendue du malheur qui nous frappe. Aujourd'hui, au moment de nous séparer de celui qui fut si longtemps l'orgueil et la gloire de notre Faculté, après que des voix si autorisées viennent de nous retracer sa vie, toute de science et de labeur, en présence du spectacle émouvant de cette foule respectueusement inclinée devant son cercueil, nous sentons véritablement la grandeur de la perte que nous venons de faire, et, si nous sommes fiers des hommages rendus à la mémoire de notre maître, ce sentiment de légitime fierté ne fait qu'accroître nos regrets et notre douleur.

Nous n'avons connu, pour la plupart, notre vénéré professeur d'histoire que pendant les dernières années de sa carrière si bien remplie, alors qu'une imposante vieillesse, entourée d'honneur et de respect, était venue ajouter de l'autorité à sa parole sans nuire à la sûreté ni à la clarté de son enseignement. Nous étions tous surpris et charmés de la transformation qui s'opérait en lui au moment où il abordait la chaire : nous nous sentions pénétrés par cet enthousiasme, cette chaleur communicative qui éclairait alors son visage et animait sa voix ; nous aimions sa parole nette, parfois chaude et vibrante, toujours à la hauteur des grands sujets qu'il traitait ; nous admirions son énergie, sa puissance de travail qui semblaient défier l'âge et promettre encore de longues années de vie et de santé. Cette impression qu'il produisait sur tous ses auditeurs, est encore dans notre esprit aussi vive qu'au premier jour : tel nous l'avons vu professant son cours à la Faculté des Lettres, tel il sera toujours gravé dans notre mémoire et dans notre cœur ; c'est cette calme majesté, cette sérénité d'une noble vieillesse qui restera pour nous le trait dominant de cette belle vie.

Mais pourquoi insister davantage sur ce que nous connaissons tous, sur ce qu'a pu apprécier comme nous le nombreux public qui se pressait le lundi soir au cours d'histoire de la Faculté ? Les qualités du doyen, du professeur et de l'homme de science vous ont déjà été retracées, et j'ai trop le sentiment de mon insuffisance pour oublier qu'un rôle plus modeste m'est échu, celui de rappeler en quelques paroles ce qu'a été pour nous l'homme bon et généreux dont une mort brutale vient de nous séparer. Qui de nous, Messieurs, n'a pas eu l'occasion de recourir à son affable bienveillance, qui était passée en proverbe chez les étudiants ? Qui de nous n'a été, à un moment donné, aidé et soutenu par ses encouragements et ses conseils ? Qui de nous ne pleure aujourd'hui sa perte, non seulement comme celle d'un professeur, mais comme celle d'un ami et d'un père ?

Honneur donc à l'homme dont toute la vie a été remplie par le travail et l'amour du bien, honneur au professeur que tous ses élèves saluent aujourd'hui d'une égale reconnaissance et d'une égale admiration! Il ne nous reste plus que le souvenir de ce qu'il a été et de ce qu'il a fait pour nous; mais ce souvenir, du moins, ne périra pas: si le maître que nous pleurons n'est plus au milieu de nous, sa mémoire, ses œuvres et son enseignement resteront l'héritage des étudiants de la Faculté des Lettres de Montpellier : ils sauront s'inspirer du noble exemple qu'il leur a laissé !

Adieu, cher et vénéré maître, au nom de tous, adieu ! Recevez une dernière fois l'hommage de notre profonde douleur et de notre souvenir respectueux.

MONTPELLIER , IMPRIMERIE DE JEAN MARTEL AÎNÉ.